AF144838

www.united-pc.eu

# Allgemeine Betrachtung von Marktforschung in BRD

## „General Overview of Market Research in Germany"

**Dr. Fieras Alfawaire**

# Inhaltsverzeichnis

6

# Abbildungsverzeichnis

# A . Einführung

Organisationen bzw. Unternehmen stehen oft vor der Aufgabe, Entscheidungen zu treffen.
Diese Entscheidungen weisen folgende Merkmale auf:
Die Existenz einer Wahlsituation, die mindestens zwei Alternativen enthält.
Die Existenz eines Entscheidungssubjektes, der vor dieser Entscheidungssituation steht.

Um Entscheidungen treffen zu können, benötigt der Entscheider Informationen über Entscheidungsobjekt, das Umfeld, die Entscheidungskonsequenzen usw. dabei liegt die Bedeutung der Informationen darin, dass sie die Gefahr von nicht optimale Entscheidungen verringern können. Bei der Beschaffung von Informationen für das Marketing geht es darum, diejenigen Informationen zu beschaffen, die helfen, Probleme zu erkennen und die Lösung dieser Probleme zu unterstützen. Dies ist die Hauptaufgabe der Marktforschung.[1] Grundsätzlich werden die Informationsbereiche in Umweltinformationen und Unternehmens- Informationen gegliedert. Von besonderer Bedeutung für das Marketing sind Informationen über die Abnehmer.

---

[1] Weis/Steinmetz, Marktforschung, Modernes Marketing, Verl. Friedrich Kiehl, Ludwigshafen, 5 Auflage,2002, S.15

Dateninformationen über Abnehmer sind z.B. Informationen über Merkmale und Größe der Marktsegmente, Bedürfnisstruktur und Kaufkraft. Das war ein Überblick über Umweltinformationen.

Unternehmensinformationen sind Aussagen über Leistung- und Führungspotenziale des Unternehmens. Leistungspotenziale eines Unternehmens ergeben sich aus den Bereichen Beschaffung, Produktion, Absatz, Personal, Kapital und Technologie. Führungspotenziale kommen aus den Bereichen Planung und Kontrolle, Informationen, Organisation und Unternehmenskultur.

Unternehmensinformationen dienen somit der Beurteilung der Stärke und Schwäche eines Unternehmens, gegenüber ist die Erhebung von Umweltinformationen, die die Identifizierung bzw. die Einschätzung von Chancen und Risiken ermöglicht.[2]

Damit das Thema möglichst vollständig vorgestellt wird, gehen wir auf einige Themen ein, die in der Generalmanagement-Arbeit mit der Überschrift Marktforschung in der BRD betrachtet wurden und die als Grundlagen zur Veranschaulichung, Verständlichkeit und Vergleichbarkeit der gesamten Arbeit dienen.

---

[2] Fantapie´ Altobelli, Claudia, Marktforschung, Methoden-Anwendung-Praxisbeispiele, Verl. Lucius &Lucius, Stuttgart,1Auflage,2007,S.1

# 1. Definition von Markforschung

Die Marktforschung gehört zu den am längsten etablierten Teilgebieten der Marketingwissenschaften. Die Marktforschung ist sogar untrennbar mit dem Marketingverbunden, weil die Ausrichtung von Angeboten der verschiedenen Unternehmen auf Kundenwünsche ebenso wie die Beeinflussung dieser Kundenwünsche durch die Unternehmen natürlich angemessene Informationen über Kunden und Märkte voraussetzen. Es gibt in der Literatur zahlreiche Definitionen von Marktforschung. So definieren Lehmann/Gupta/Steckel (1998,S.1) die Marktforschung: „**Marktforschung** ist die Sammlung, Verarbeitung und Analyse von Informationen über Gegenstände, die für das Marketing relevant sind. Sie beginnt mit der Problemdefinition und endet mit Handlung-Empfehlungen."[3]

# 2. Geschichte und Entwicklung von Marktforschung

Marktforschung wird in Deutschland seit den frühen 20er Jahren betrieben. Der Beruf von Marktforscher tritt erstmals 1925 im „Institut für Wirtschaftsbeobachtung der deutschen Fertigware" an der Hochschule für Wirtschafts- und Sozialwissenschaften in Nürnberg auf, ab 1934 in der „Gesellschaft für Konsumforschung"(GfK)

---

[3] Kuß, Alfred, Marktforschung, Grundlagen der Datenerhebung und Datenanalyse, Verl. Dr. Th.Gabler,Wiesbaden,1 Auflage,2004,S.1

in Nürnberg und seit Ende der 40er Jahre auch in Konsumgüter-Industrie sowie bei Werbeagenturen. Die Gründer des Nürnberger Instituts, Wilhelm Vershofen, Erich Schäfer und Ludwig Erhard, gelten zugleich als die Begründer der deutschen Marktforschung. Nach dem zweiten Weltkrieg waren es die drei Besatzungsmächte, die der Markt- und Meinungsforschung in Deutschland starke Impulse gegeben haben. Sie gründeten eigene Forschungsabteilungen, um sich über die Einstellung der Deutschen zum Nationalsozialismus, zu den Besatzung-Mächten, zur Marktwirtschaft usw. zu informieren. Die systematische und kontinuierliche Erforschung des Konsumverhaltens wurde mit der Panel-Forschung investiert. Hierbei waren folgende Institutsgründungen bedeutsam:

1954 „Attwood, Institut für Marktanalyse" in Wetzlar. 1955 „GFM, Gesellschaft für Marktforschung" in Hamburg. 1957 Bereich Panelforschung der „GFK, Gesellschaft für Konsumforschung" in Nürnberg. Das erste Einzelhandels-Panel in Deutschland startete die „A.C. Nielsen Company" 1954 in Frankfurt am Main. Aus diesen Anfängen ist heute ein blühender Industriezweig geworden mit mittlerweile ca. 360 Instituten.[4]

---

[4] Thomas Kiss und Helmuth Tesch, Einsatz und Instrumente der Marktforschung, Verl. Rudol Haufe, Freiburg,1 Auflage,1995, S.11-12

## 3. Ethik von Markt- und Marketingforschung

Die Diskussion ethischer Gesichtspunkte in der Markt- und Marketingforschung stellt bislang einen vernachlässigten Bereich dar, obwohl ihm in letzter Zeit eine zunehmend bedeutendere Rolle zukommt. Die Aufstellung eines allgemeingültigen Katalogs ethischer Richtlinien erweist sich als schwierig. Die Allgemein-Gültigkeit wird zusätzlich dadurch in Frage gestellt, dass jede Person bestimmte Forschung-Aktivitäten unter der Perspektive des persönlichen Wertesystems hinsichtlich der ethischen Zulässigkeit oder Unzulässigkeit beurteilt.

Unter Beachtung der bei der Durchführung von Forschungsstudien beteiligten Personenkreise lassen sich ethische Aspekte unter folgenden Perspektiven diskutieren:

➢ Behandlung der Untersuchungspersonen durch den Forscher.
➢ Behandlung des Auftraggebers durch den Forscher.

3.1 Folgende Rechte sollten den Untersuchung-Personen gewährt werden:

Wahlfreiheit: Es muss den Untersuchungsteilnehmern freigestellt sein, an einer Untersuchung teilzunehmen oder nicht.

Sicherheit: Der Schutz der Anonymität von Untersuchungsteilnehmern sowie Schutz vor psychischen Belastungen und vor Täuschungen. Information: Den Untersuchungsteilnehmern sollte das Recht gewährt werden, über alle Aspekte der Untersuchung informiert zu sein. Dieses schließt sowohl Erklärungen zum Untersuchungsaufbau als auch die Bekanntgabe der Untersuchungsergebnisse ein.

3.2 Einige ethische Verpflichtungen gegenüber dem Auftraggeber, die das Forschungsinstitut zu erfühlen hat: Die gewonnenen Untersuchungsergebnisse müssen objektive präsentiert werden. Die Verpflichtung, dass die Anonymität des Auftraggebers bewahrt wird.

Die Daten von den Marktforschungsstudien als auch die daraus abgeleitete Schlussfolgerung und Interpretationen sollten nur dem Auftraggeber zugänglich sein und bekannt gegeben werden. Die Vermeidung gleichzeitiger Durchführung von Studien für miteinander konkurrierende Unternehmen.[5]

---

[5] Heribert Meffert, Marketingforschung & Käuferverhalten, Verl. Dr. T h. Gabler, Wiesbaden,2 Auflage, 1992, S. 382-385

## 4. Träger von Marktforschung

Marktforschung kann sowohl als Auftragsforschung (Fremdmarktforschung) von Instituten als auch von den Unternehmen selbst (Eigenmarktforschung) durchgeführt werden. In den einzelnen Unternehmen können Marktforschungsaufgaben durch eigene Marktforschungsabteilung gemacht werden, als Unterstützung können auch die Verkaufs- und Werbeabteilung in die Datengewinnung mit einbezogen werden.

### 4.1 Eigenmarktforschung

Kommt in Betracht insb. dann, wenn es um interne Daten geht, um geheime Daten sowie um Spezialuntersuchungen in geringem Umfang. Für Klein- und Mittelunternehmen sind dabei die Möglichkeiten grundsätzlich geringer als für Großfirmen anzusehen, da normalerweise nur Großfirmen über eigene Marktforschungsabteilung verfügen.

### 4.2 Fremdmarktforschung

Fremdmarktforschung ist für Unternehmen wichtig, wenn es darum geht, z.B. schnell Informationen über einen großen Bereich zu gewinnen al auch, wenn es um Panelerhebungen geht.[6]

---

[6] Weis/Steinmetz, Marktforschung, Verl. Friedrich Kiehl, Ludwigshafen,4 Auflage,2000, S. 32-35

## 4.3 Sonstige Träger der Marktforschung

Externe Marktforschungsleistungen werden nicht nur von Instituten, sondern auch von einer ganzen Reihe weiterer Träger geliefert. Solche Träger bieten nicht das gesamte Leistungsspektrum eines Full-Service-Instituts, sondern sie führen einige spezielle Marktforschung-Leistungen durch.

Einige sonstige Träger der Marktforschung sind: Markforschungsberater, Marktforschung-Abteilungen von Werbeagenturen, Feldorganisationen, Information-Broker, Unternehmensverbände und Teststudios.[7]

---

[7] Fantapie Altoblli, Marktforschung, Verl. Lucius & Lucius, Stuttgart,1 Auflage,2007, S. 16

## 5. Methoden bzw. Instrumente von Marktforschung

Marktforschung kann generell als ein Instrument zur Beschaffung von Informationen zur Erleichterung von unternehmerischen Entscheidungen bezeichnet werden. Es gibt grundsätzlich zwei Möglichkeiten, um Informationen zu beschaffen: Sekundärforschung (Desk-Research) und Primärforschung (Umfrageforschung).

### 5.1 Die Sekundärforschung

Die Sekundärforschung beschafft die nötigen Informationen über die Verwertung von bereits vorhandenem Material. Die Quellen können unterschiedlich sein. Die Einbeziehung betriebsinterner Daten oder eigene Archive kann genauso gut dazu gehören wie Veröffentlichungen über volkswirtschaftliche und gesellschaftliche Gesamt-Entwicklungen z.B. die amtliche Statistik, Aufsätze und Notizen in der Wirtschaftspresse oder in Fachzeitschriften.

### 5.2 Primärforschung

Die Primärforschung wird überall dort angewandt, wo die Sekundärquellen zur Deckung des Information-bedarfs nicht mehr ausreichen. In diesem Fall werden die benötigten Informationen von Informanten über Befragung oder andere Methoden abgerufen. Noch genauer: Bei der Primärforschung werden die Daten bzw. Informationen in der Regel durch Befragung, seltener durch Beobachtung oder Aufzeichnung ermittelt.[8] Wir interessieren uns mehr für Primärforschung, deswegen wollen wir ihre Methoden bzw. Instrumente betrachten. Grundsätzlich hat die Primärforschung drei wichtige Methoden zur Informationen bzw. Daten-Erhebung:

## 5.2.1 Die Befragung

Unter einer Befragung versteht man eine Erhebungs-methode, bei der man durch Antworten (verbal, schriftlich usw.) Informationen von Personen über den Befragungsgegenstand erhalten will. Befragungen werden als Ein- oder Mehrthemen-befragungen durchgeführt. Als Mehrthemen-befragungen (Omnibus) Bezeichnet man:

Befragungen, bei denen die befragten zu unterschiedlichen Themen (in der Regel von mehreren Auftraggebern) in einer Befragung Auskunft geben.

Kommunikationswege von Befragungen sind schriftliche, mündliche und computergestützte. Diese werden unter Einsatz von Computern wie z.B. CATI und CAPI durchgeführt. Unter CATI (Computer Assisted Telephone Interviewing) versteht man eine computergestützte telefonische Befragung, bei der ein Interviewer Fragen, die der Computer anzeigt,

---

[8] Thomas Kiss und Helmuth Tesch, Einsatz und Instrumente der Marktforschung, Verl. Rudolf Haufe, Freiburg,1 Auflage,1995,S.13,14

Vorliest und die Antworten des Befragten in den Computer wieder eingibt. Beim Einsatz computergestützter Telefonbefragungen ergeben sich einige Vorteile:

- CATI-Interviews sind in der Regel kürzer als herkömmliche.

- Geringere Kosten der Datenaufbereitung und höhere Datenqualität.

Als CAPI (Computer Assisted Personal Interviewing) bezeichnet man ein Interview, bei dem ein Interviewer Fragen aus dem Computer vorliest und die Antworten wieder in das Befragungssystem eingibt.

## 5.2.2 Die Beobachtung

Unter Beobachtung versteht man eine Daten-erhebungsmethode, die auf die Erfassung der sinnlich wahrnehmbaren aktuellen Umwelt gerichtet ist. Beobachtung wird grundsätzlich als naive oder als wissenschaftliche Beobachtung durchgeführt. Die naive Beobachtung ist dadurch gekennzeichnet, dass sie unsystematisch, planlos und ohne klar definiertes Erkenntnisziel durchgeführt wird.
Die wissenschaftliche Beobachtung ist gekennzeichnet durch ein bestimmtes Erkenntnisziel, ein planmäßiges Vorgehen und eine Registrierung von aktuellem Geschehen.

## 5.2.3 Das Experiment

Experimente sind eine bestimmte Form der Befragung und/oder der Beobachtung unter bestimmten festgelegten Bedingungen.

Experimente haben die Zielsetzung zu prüfen, ob Kausalzusammenhang zwischen mindestens zwei Faktoren (x=Testfaktor und y=Wirkfaktor) vorliegt. Eine von den Testmöglichkeiten ist das GfK-Behavior-Scan-System.[9]

---

[9] Weis/Steinmetz, Marktforschung, Verl. Friedrich Kiehl, Ludwigshafen,5 Auflage,2002, S.94-208

# B. Arten und Formen der Marktforschung

Die Aufgaben der Marktforschung können nach unterschiedlichen Kriterien gegliedert werden. Dadurch gelangt man zu verschiedenen Arten von Marktforschung.

- Eine Gliederung nach den betrieblichen Funktionsbereichen, für die Marktforschung durchgeführt wird, möglich führt zu:

  - Absatzmarkforschung

  - Finanzmarktforschung

  - Beschaffungsmarktforschung usw.

- Marktforschung im Hinblickauf die Untersuchungs-Objekte z.B.

  - Konsumgütermarktforschung

  - Investitionsgütermarktforschung

  - Dienstleistungsmarktforschung.

- Nach Wahl von Methode der Informationsgewinnung

  - Befragung

  - Beobachtung

  - Experiment

- Nach Markteilnehmer einer Untersuchung:

    - Käuferforschung

    - Konkurrenzforschung

    - Produzentenforschung

- Nach der Anzahl der Marktforschung-Untersuchungen kann man in einmalige und mehrmalige Untersuchungen z.B. Panel unterscheiden.

- Im Hinblick auf die räumliche Erstreckung der Marktforschung:

    - Lokale

    - Regionale

    - National

    - Internationale Marktforschung.

22

- Marktforschung kann Informationen über den Markt vergangenheitsbezogen, gegenwartsbezogen und zukunftsbezogen breitstellen:

  - Rückschauende Marktforschung, d.h. es werden rückschauend die Informationen bereitgestellt und analysiert.
  - Gegenwärtige Marktforschung, d.h. die aktuelle Marktsituation wird dargestellt.

  - Vorausschauende Marktforschung, d.h. es wird versucht zu prognostizieren, wie sich der Markt verändert und bzw. wie der Markt in der Zukunft aussehen wird.

- Nach dem Träger der Marktforschungsaufgabe kann in Eigenmarktforschung und Fremdmarktforschung unterschieden werden, je nachdem, ob die Unternehmen eigene Marktforschung betreiben oder die Aufgabe an Marktforschungsinstitut übertragen wird.

- Es wird zwischen operativer und strategischer Marktforschung unterschieden, wobei strategische Marktforschung die Marktforschung für das strategische Marketing (Strategie, Planung usw.) darstellt.

- Je nach Anzahl der Themen einer Untersuchung spricht man von Einthemen- und Omnibus- oder Mehrthemenbefragungen. Meist spielen Kostengründe eine große Rolle sich an Omnibuserhebungen zu beteiligen.[10]

---

[10] Weis/Steinmetz, Marktforschung, Verl. Friedrich Kiehl, Ludwigshafen,5 Auflage,2002, S.16-21

# C. Ziele und Aufgaben von Marktforschung

Das höchste Ziel von Marktforschung ist die Bereitstellung von Informationen, die man als Grundlage für Marketingentscheidungen benutzen kann, dies beinhaltet die Beschreibung und Erklärung marketingrelevanter Sachverhalte. Aus diesem Ziel von Marktforschung lassen sich folgende Aufgaben ableiten:

- Innovationsfunktion: Chancen und Trends werden in den Märkten und Umwelt erkannt.

- Frühwarnfunktion: Risiken werden frühzeitig erkannt und Gegenmaßnahmen werden ergriffen.

- Intelligenzverstärkungsfunktion: Durch die Methodenkenntnisse und das Wissen über marktrelevante Zusammenhänge soll die Willensbildung in der Unternehmensführung unterstützt werden.

- Unsicherheitsreduktionsfunktion: Die zuverlässigen Informationen der Marktforschung erhöhen die Wahrscheinlichkeit, dass man die richtige Entscheidung trifft.

- Strukturierungsfunktion: Planvolle und systematische Vorgehensweise unterstützt das Verständnis und erhöht damit die Qualität und Effizienz der Marketingplanung.

- Selektionsfunktion: Aus den vielen vorhandenen Informationen sollen nur die wichtigen bzw. relevanten Informationen herausgefiltert und aufbereitet werden.

- Prognosensfunktion: Es sollen mögliche Veränderungen des marketingrelevanten Umfelds aufgezeigt und deren Auswirkungen auf das eigene Geschäft abgeschätzt werden.

Diese Ziele und Aufgaben der Marktforschung kann man nur unter Berücksichtigung wesentlicher Ressourcen erreichen bzw. durchführen. Auf der ersten Seite sind finanzielle Restriktionen zu beachten, welche meist aus einem begrenzten Marktforschungsbudget sich ergeben. Auf der anderen Seite schränken personelle Rahmenbedingungen wie z.B. das Fehlen von für die Marktforschung qualifiziertem Personal den Handlungsspielraum der Marktforschung ein. Schließlich sind auch zeitliche Restriktionen zu nennen.

Aus dem bisher Genannten folgt, dass das Hauptziel der Marktforschung wie folgt formuliert werden kann: Ziel der Marktforschung ist die zeitgerechte Berteistellung entscheidungsrelevanter Informationen für die Entscheidungsträger unter Berücksichtigung finanzielle, personelle und zeitliche Restriktionen.[11]

---

[11] Fantapie´ Altobelli, Claudia, Marktforschung, Methoden-Anwendung-Praxisbeispiele, Verl. Lucius& Lucius, Stuttgart,1 Auflage,2007, S.7

Nach Meinung anderer Autoren und Forscher wie Behrens (1966, S.14 ff.) hat die Marktforschung zwei Arbeitsgebiete, die er wie folgt darstellt:

1- Die ökoskopische Marktforschung, die der Erforschung ökonomischer Größen wie z.B. Marktanteile, Umsätze, Preise usw. dient.

2- Die demoskopische Marktforschung, die sich um die Erforschung der äußeren und inneren (d.h. psychischen) Merkmale von Marktteilnehmern bemüht.[12]

---

[12] Heymo Böhler, Marktforschung, Verl.W. Kohlhammer, Stuttgart,2 Auflage,1992, S.18-19

# D. Angewendete Marktforschung

Es gibt verschiedene Bereiche, wo man Marktforschung in der Praxis anwenden kann und hier wird Überblick über einige Anwendungsbereiche geschafft.

## 1. Produktforschung

Der Begriff Produktforschung beinhaltet sowohl Produkte in Form der materiellen Leistungen als auch verschiedene Arten von Dienstleistungen. Die Marktforschung im Bereich der Produktpolitik kann nur einen entscheidenden Beitrag leisten, wenn:

Die Kosten dafür budgetiert und als Investition in den Markt gewertet werden und dass sie frühzeitig, d.h. bei der Ideensuche und Ideenprüfung, und ständig, d.h. in jeder Phase des Produktlebenszyklus, eingeschaltet.

Die Aufgaben der Marktforschung im Bereich der Produktpolitik orientieren sich auf einer Seite an den einzelnen Phasen des Produktlebenszyklus und auf der anderen Seite an den Produktpolitischen Entscheidungen im Marktkonzept.

## 2. Preisforschung

Preisforschung hat die Aufgabe Hinweise und Fakten aus dem Markt aus dem Markt zu bekommen, die für die eigene Preisfindung wichtige Grundlage sein können.

Preise werden einerseits von den Kosten und Zielsetzung im eigenen Unternehmen geprägt. Sie sind andererseits aber weitgehend fremdbestimmt und somit abhängig von

- Auf Seite der Nachfrage: Nutzen- und Wertvorstellung, Preisbereitschaft und Kaufkraft der Käufer.

- Auf Seite des Angebots: Verhaltensweisen der Wettbewerber.

Die Preisforschung muss ermitteln, wie diese Faktoren im Markt gestaltet sind z.B. die aktuelle Preissituation im Konkurrenzumfeld erkunden, die Preis-Leistung-Positionierung von Konkurrenz- und eigenen Produkten bei unterschiedlichen Leistungskategorien ermitteln und die Preis-/Wertvorstellung der potenziellen Käufer erfragen und testen.

## 3. Regionalforschung

Der Forscher sollte hier globale Vorgänge und Zusammenhänge Berücksichtigen, auch wenn das Unternehmen nur im Inland tätig ist und die Besonderheiten regionaler Einzelmärkte im Inland unter die Lupe nehmen.

Expandieren, d.h. das Geschäft in andere Regionen und Länder ausdehnen, ist genauso wichtig wie die Fokussierung, d.h. das Geschäft auf regionalen Einheiten lenken und konzentrieren, die die bessere Wirksamkeit der Maßnahmen versprechen.

Regional- oder Geoforschung dient dazu, auf einzelne Regionen bezogene detaillierte Daten zu ermitteln und zu bewerten, um spezifische regionale Gegebenheiten zu erkennen und die Marketingmaßnahmen zielgenau auf die Region ausrichten zu können.

Man kann die Regionalforschung sowohl für das Inland als auch für Ausland einsetzen. Es stehen Regionaldaten im Inland (Deutschland) wie z.b. Produzierendes Gewerbe zu Verfügung. Für die Regionalforschung im Ausland kann man die Regionaldaten haben aus Internationalen Quellen wie z.b. (www.worldbank.org), (www.wto.org) etc.

## 4. Werbeforschung

Werbe- und Mediaforschung ist die Analyse und Bewertung der Marketingkommunikation. Aufgabe von Werbeforschung ist Daten und Informationen breistellen, die wichtig sind für:

Ein optimales Werbeziel zu formulieren.

Den Erfolg der Maßnahmen zu messen.

Eine effektive Auswahl von Kommunikationsmitteln und Werbeträgern zu treffen.

Mediale Kommunikation ist einer der besten Kommunikationsmittel, um zahlreiche Menschen zu erreichen bzw. eigene Aussage zu übermitteln. Ihre Formen sind:

Print: Prospekte, Handzettel, Kataloge, Zeitungen, Kundenzeitschriften und Plakate.

Elektronische/audiovisuelle Mittel: Film, CD, Hörfunk, Internet, DVD und Fernsehspot.

Sonstige Werbung/Verkaufsförderung: Gewinnspiele, Sportförderung etc.[13]

## 5. Beschaffungsmarktforschung

Aufgabe der Beschaffungsmarktforschung ist die systematische Informationsgewinnung und deren Auswertung über Struktur und Entwicklung der Märkte auf der Beschaffungsseite. Je nachdem, ob es sich um die Beschaffung von Investitionsgütern oder von Konsumgütern handelt, ergibt sich im Rahmen der Beschaffungsmarktforschung ein unterschiedlicher Informationsbedarf. Dieser resultiert u.a. aus den unterschiedlichen Zielsetzungen des Investitions- bzw. Konsumgütermarketing. Marketing für Investitionsgüter bedeutet die Anwendung aufeinander abgestimmter marktorientierter Maßnahmen, die unter der Zielsetzung stehen, die an

---

[13] Klaus S. Kastin, Marktforschung mit einfachen Mitteln, Verl. C.H. Beck, München, 3 Auflage,2008,S.291-393

Einkauf- und Beschaffungsprozessen beteiligten Fachleute von den Vorteilen der eigenen Leistungsstärke zu überzeugen. Aufgabe der Beschaffungsmarktforschung hinsichtlich der Investitionsgüter ist es, diejenigen Anbieter herauszufinden, die das optimale Produkt liefern können bzw. einen optimalen Leistungsumsatz sichern. Beschaffungsmarktforschung in Bezug auf Konsumgüter muss demgegenüber darauf gezielt sein, diejenigen Artikel herauszufinden, die Zusammenstellung eines kundengerechten Sortiments ermöglichen.

## 6. Imageforschung

Das Image ist als ein Totalbegriff zu verstehen, der alles umfasst, was die möglichen Kunden von dem Meinungsgegenstand Produkt oder Betrieb denken und empfinden. Für den Hersteller steht das Image seiner Produkte im Mittelpunkt der Imageforschung. Er versucht insbesondere die Motive zu ergründen und zu steigern, die am Ende dazu beitragen, dass seine Produkte gekauft werden. Für den Händler oder den Dienstleister spielt demgegenüber das Unternehmens-Image die wichtigste Rolle bei der Imageforschung, da es die Kaufentscheidungen bzw. die Entscheidungen zur Inanspruchnahme bestimmter Dienstleistungen der Kunden beeinflusst.

Imageforschung bedeutet daher für Handels-unternehmen und Dienstleistungsunternehmen primär Analyse von Unternehmensimage einschließlich des Firmenimage von Konkurrenz.

## 7. Konkurrenzforschung

Die Konkurrenzforschung befasst sich mit der Beobachtung und der Analyse der auf einem spezifischen Markt mit einem bestimmten Unternehmen konkurrierenden Unternehmen. Konkurrenzforschung ist nur ein verhältnismäßig kleiner Teil Sekundärforschung, zum größeren Teil muss die Konkurrenzanalyse mit Hilfe der Primärforschung durchgeführt werden. Um optimale Marketing-Strategien entwickeln zu können, muss die Führung des Unternehmens die Ergebnisse einer von ihr durchgeführte Konkurrenzforschungen in die eigene Strategieplanung berücksichtigen.

Das Ziel der Konkurrenzforschung ist es dabei, das Wettbewerbsverhalten der Konkurrenten zu durchschauen und voraussichtliche Reaktionen dieser Konkurrenten auf geplante unternehmerische Entscheidungen vorher zu erkennen bzw. zu schätzen, um damit den Erfolg der eigenen Strategien zu sichern.

Voraussetzung zur Erreichung dieser Ziele, muss die Konkurrenzforschung insbesondere auf folgende Fragen Antwort finden:

- Wer sind die Hauptkonkurrenten?

- Welche wesentlichen Informationen sollen über diese Konkurrenten ermittelt werden?

- Wie lassen sich die erfassten Konkurrenz-Informationen sinnvoll auswerten?

## 8. Kundenforschung

Die Kundenforschung beinhaltet auf einer Seite die Gewinnung und auf der anderen Seite die Analyse von Informationen über die Kunden eines Unternehmens. Als Kunden können diejenigen Nachfrager bezeichnet werden, die innerhalb eines bestimmten Zeitraums wenigstens einmal bei dem Unternehmen eingekauft oder eine Dienstleistung in Anspruch genommen haben. Dabei unterscheidet man Stammkunden und Gelegenheitskunden. Stammkunden sind diejenigen Kunden, die regelmäßig bei bestimmten Unternehmen einkaufen. Gelegenheitskunden sind solche Kunden zu verstehen, die nur selten oder gar nur einziges Mal in einem bestimmten Unternehmen einkaufen. Weitere Einsatzgebiete von Markforschung sind Standort-Forschung, Testmarktforschung etc.[14]

---

[14] Jakob Wolf, Marktforschung, Praktische Anwendung, Verl. Moderne Industrie, Landesberg, 1 Auflage, S.101-162

## E. Bedeutung der Statistik für Marktforschung

Statistik befasst sich allgemein mit der Erfassung und Aufbereitung von Dateninformationen. Die mathematische (analytische) Statistik arbeitet speziell strukturbeschreibend oder Strukturdeckend. Die deskriptive Statistik befasst sich mit der Zusammenfassung, Darstellung und Beschreibung von Phänomenen. Die Gesamtheit von Elementen, die unter einem zielgerichteten Aspekt gleich sind, wird als statistische Masse genannt. Statistische Massen oder Gesamtheiten sind präzise räumlich, zeitlich und sachlich abgegrenzt, also im Hinblick auf ein vorgegebenes Unternehmensziel gleichartig, weil sie Träger von Informationen über den zu untersuchenden Tatbestand sind. Eine statistische Einheit ist dabei der einzelne Informationsträger. Die Einheiten der statistischen Gesamtheit sind Merkmalsträger, d.h. Objekte, deren Eigenschaften festgestellt werden sollen, z.B. Personen, Ereignissen oder Gegenstände, die man in der Marktforschung betrachtet, sodass man diese untersucht. Die Gegenstände der Untersuchung werden Merkmale bezeichnet.

Merkmal ist ein Sammelbegriff   für Eigenschaften, Verhaltensweisen, Charakteristika etc. Dabei sind nicht alle Merkmale interessant, sondern lediglich bestimmte, zu untersuchende Merkmale.

Die Folge gleichartiger Merkmalswerte heißt Reihe.

Ein statistischer Parameter ist eine Zahl, welche die Eigenschaft besitzt, die charakteristische Struktur der statistischen Masse kennzeichnen.

Quantitative Merkmalsausprägungen unterscheiden sich in ihre Grüße, sie lassen sich durch Zahlenangaben kennzeichnen. Sie werden durch Messungen oder Zählungen erfasst und bereitgestellt. Qualitative Merkmalsausprägungen unterscheiden sich hinsichtlich ihrer Art, sie sind nur verbal zu umschreiben. Bei denen kann in Bezug auf verschiedene Merkmalsausprägungen nur Gleichheit oder Ungleichheit festgestellt werden. Die Klassifikation erfolgt nach einem Merkmal bzw. als Zuordnung von Elementen nach gleichartigen Eigenschaften in Klassen. Die Aufgabe der Marktforschung hier ist mit Hilfe von Statistik, die Zuordnung von Zahlen und Symbolen zu Objekten.[15] Es wird in der praktischen Marktforschung im allgemein aus Stichproben auf Grundgesamtheit geschlossen. Die Grundgesamtheit ist die Menge aller interessierenden Einheiten, die Stichprobe ein nach bestimmten Auswahlmethoden festgelegter Teil davon. Grundlagen der Stichprobetheorie sind damit unabdingbare Voraussetzungen zur Auswertung der Resultate von Marktforschung.[16]

---

[15] Christof/Pepels, Praktische quantitative Marktforschung, Verl. Franz Vahlen, Münschen,1 Auflage,1999, S.1-3

[16] Unger, Marktforschung, Grundlagen Methoden und praktische Anwendungen, Verl. I. H. Sauer, Heidelberg,1988, S. 118

# F. Stichproben in der Marktforschung

Während die Grundgesamtheit die Menge derjenigen Objekte ist, auf die die Ergebnisse der Marktforschung-Untersuchung zutreffen sollen, ist die Stichprobe die Menge derjenigen Objekte, von denen im Rahmen der Marktforschungsuntersuchung Informationen eingeholt werden. Die Stichprobe ist also eine Teilmenge der Grundgesamtheit.

Mit dem Begriff effektive Stichprobe bezeichnet man die Menge derjenigen Objekte, von denen im Rahmen der Marktforschung-Untersuchung einige tatsächlich Informationen eingeholt werden. Beispielweise können im Rahmen einer schriftlichen Befragung 1.000 Personen (Stichprobe) engeschrieben werden, von denen 300 (effektive Stichprobe) tatsächlich antworten. Die effektive Stichprobe ist also wiederum eine Teilmenge der Stichprobe. Grundsätzlich stellt sich im Hinblick auf die Stichprobenbildung zunächst die Frage, ob eine Vollerhebung durchgeführt werden soll. Hierbei wird das Ziel angestrebt, jedes einzelne Element der Grundgesamtheit auf die interessierenden Merkmale hin zu untersuchen. Die Stichprobe entspricht in diesem Fall der Grundgesamtheit. Diese vollkommene Abdeckung der Grundgesamtheit stellt aus statistischer Sicht den Idealfall dar. In der Marktforschungspraxis gibt es solche Fälle, in denen eine Vollerhebung realistisch ist.

Beispielhaft seien Kundenbefragungen im Firmen-Kundengeschäft genannt, wo die Zahl der Kunden recht gering, die Grundgesamtheit ist also überschaubar. In der Regel ist eine Vollerhebung bei einer großen Grundgesamtheit wegen der damit verbundenen hohen Kosten jedoch meist nicht möglich. Dann greift man im Rahmen der Marktforschung auf die Hilfskonstruktion einer Stichprobe zurück, die aus der Grundgesamtheit ausgewählt wird (Teilerhebung).

Im Rahmen der Stichprobenauswahl stellen sich nun zwei zentrale Fragen:

- Wie groß soll die Stichprobe sein (Stichprobenumfang)?

- Wie soll die Stichprobe gebildet werden (Verfahren der Stichprobenauswahl)?

Im Allgemeinen ist in den letzten Jahren der Trend zu beobachten, dass die Antwortquoten (also die vermutete Diskrepanz zwischen dem Umfang der Stichprobe und dem der effektiven Stichprobe) bei Marktforschungsuntersuchungen sinken.

Die Hauptursache dafür liegt in der ständig steigenden Zahl von Befragungen. Um trotzdem eine hohe Antwortquote sicherzustellen, können in der Marktforschungspraxis eine Reihe von Methoden angewendet werden:

- Anreize, d.h. das Bereitstellen einer finanziellen oder sachlichen Belohnung, wenn man an einer Befragung teilnimmt.

- Aufbau von Vertrauen, d.h. die Verdeutlichung, dass die mit Hilfe der Befragung gewonnen Daten nicht missbraucht werden oder in falsche Hände geraten können.

- Vereinfachung der Rückantwort, d.h. die Beilage von frankierten und adressierten Rückumschlägen bei schriftlichen Befragungen.

- Nachfassen, d.h. bei schriftlichen Befragungen eine zweite Versendung des Fragebogens an solche Befragte, die noch nicht geantwortet haben.

Die Repräsentativität einer Stichprobe bedeutet im Idealfall, dass die Stichprobe in ihrer Zusammensetzung der Grundgesamtheit exakt entspricht. Da dies niemals für alle denkbaren Merkmale möglich ist, sollte die Stichprobe zumindest im Hinblick auf die zentralen Merkmale der Untersuchung repräsentativ für die Grundgesamtheit sein.

Im Hinblick auf die Repräsentativität einer Stichprobe und deren Beurteilung sollte man sich die Unterscheidung zwischen Grundgesamtheit, Stichprobe und effektiver Stichprobe vor Augen führen. Relevant ist in der Marktforschungsuntersuchung letztlich die Repräsentativität der effektiven Stichprobe.

Die zweite oben genannte Leitfrage bezieht sich auf die Festlegung des Verfahrens zur Stichprobenauswahl. Hier wird zwischen Verfahren der bewussten Auswahl und Verfahren der Zufallsauswahl unterschieden:

o   Bei den Verfahren der bewussten Auswahl werden die Untersuchungsobjekte gezielt nach definierten Merkmalen ausgewählt.

o   Bei Zufallsauswahl erfolgt dagegen die Auswahl der Untersuchungseinheiten nach dem Zufallsprinzip.

Die Verfahren der bewussten Auswahl sind vorteilhaft unter Gesichtspunkten der Aufwandsbegrenzung. Die Verwendung von Zufallsstichproben hat vor allem Vorteile bei der quantitativen Auswertung, da es eine zentrale Annahme vieler statistischer Tests ist, dass die Daten aus einer Zufallsstichprobe stammen.

In der praktischen Anwendung hat sich aber gezeigt, dass die fehlende Verfügbarkeit von amtlichen Verzeichnissen sowie die in der nichtamtlichen Statistik unvermeidliche Verweigerungsquote eine wirkliche Zufallsstichprobe meistens unmöglich machen.

Die folgende Abbildung (Abb.1) zeigt die verschiedenen Verfahren der Stichprobenauswahl.

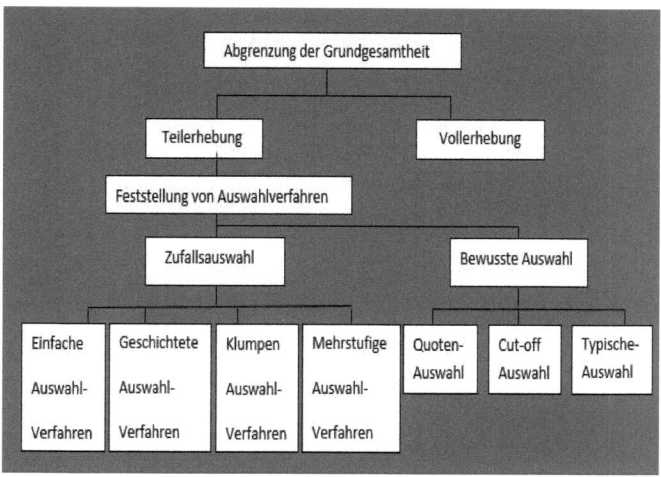

## 1. Zufallsauswahl

1.1 Die einfache Zufallsauswahl (Random Sampling) hier gelangt jedes Element der Grundgesamtheit mit der gleichen Wahrscheinlichkeit in die Stichprobe. Vorteilhaft bei diesem Verfahren, dass die Merkmalsstruktur der Grundgesamtheit nicht bekannt als Voraussetzung sein muss. Jedoch müssen alle Elemente der Grundgesamtheit bekannt sein, so dass dieses Verfahren nur bei relativ kleinen Grundgesamtheiten geeignet ist.

1.2 Bei der geschichteten Zufallsauswahl (Strafitied Sampling) wird die Grundgesamtheit in sich homogene und untereinander heterogene Teilgesamtheiten aufgeteilt. Geschichtete Stichproben sind dabei ein Verfahren der Zufallsauswahl, wohingegen Quoten-verfahren bewusst einzelne Elemente aus der gebildeten Stichprobe auswählen.

Beispielsweise können Unternehmen einer Branche nach der Anzahl der Mitarbeiter verschiedenen Teil-gesamtheiten z.B. „Gruppen von Unternehmen unterschiedlicher Größenkategorien" zugeordnet werden. Aus diesen Teilgesamtheiten werden dann Zufallsstichproben gebildet, die wiederum zu einer Gesamtstichprobe vereinigt werden.

1.3 Bei einer Klumpenauswahl (Cluster Sampling) wird die Grundgesamtheit zunächst in Klumpen bzw. Cluster aufgeteilt, die in sich heterogen sind. Dann wird bzw.

werden per Zufallsauswahl einer oder mehrere dieser Klumpen ausgewählt. Alle Objekte, die den bzw. dem ausgewählten Klumpen angehören, gelangen in die Stichprobe. Die ausgewählten Klumpen können von der Grundgesamtheit strukturell sehr verschieden sein.

1.4 Mehrstufige Auswahlverfahren werden meist bei großen, schwer überschaubaren Grundgesamtheiten angewendet. Hier werden verschiedene Verfahren der Zufallsauswahl nacheinander eingesetzt.
Dabei ist die jeweils entstehende Zufallsstichprobe Auswahlgrundlage für die nächste Auswahlstufe. Beispielsweise kann zuerst eine Klumpenauswahl und dann eine einfache Zufallsauswahl aus den Elementen der Klumpen durchgeführt werden, um die Zielpersonen auf der letzten Stufe raus zu finden.

## 2. Bewusste Auswahl

2.1 Quotenverfahren erfordert die Kenntnis der Verteilung einiger wichtiger Merkmale in der Grundgesamtheit. Auf Basis dieser Kenntnis werden Quoten für die Stichprobe bzw. die effektive Stichprobe vorgegeben, die proportional der Verteilung in der Grundgesamtheit entsprechen oder aufgrund spezieller Erkenntnisziel der Marktforschungsstudie z.B. „detailliertere Betrachtung bestimmter Teile der Grundgesamtheit" bewusst disproportional gewählt werden.

2.2    Cut-off-Verfahren    (Auswahl    nach    dem Konzentrationsprinzip)    beschränkt    sich    auf Merkmalsträger in der Grundgesamtheit, deren Antworten für die Beantwortung der Untersuchung-Fragen der Marktforschungsstudie besonders wichtig sind. Dieses Verfahren wird vor allem bei Markforschungsprojekten im Firmenkunden-Marketing angewendet. Beispielsweise kann man sich auf solche Kunden konzentrieren, die ein gewisses Umsatzvolumen erreicht bzw. überschritten haben.

2.3 Typische Auswahl ist eine weitere Art der bewussten Auswahl. Bei diesem Auswahlverfahren werden Merkmalsträger aus der Grundgesamtheit herausgegriffen, die als besonders charakteristisch und typisch betrachtet werden. Zur Anwendung kommt die typische Auswahl häufig bei Tests im Rahmen der Erarbeitung von Fragebögen.[17]

---

[17] Vgl. Herrmann/Homburg, Handbuch Marktforschung, Verl. Dr. Th. Gabler, Wiesbaden,3 Auflage, 2008, S. 37-42

## 3. Die Stellung von Stichprobenverfahren in der Marktforschung:

Aus den bisherigen Ausführungen geht hervor, dass den Stichprobenverfahren eine zentrale Rolle innerhalb der Primärdatengewinnung zukommt. Sie dienen der Festlegung derjenigen Untersuchungseinheiten, die mit den Methoden der Befragung und Beobachtung die gewünschten Informationen liefern sollen. Dies gilt gleichgültig für einmalige und mehrmalige bzw. wiederholte Untersuchungen.

Im Rahmen experimenteller Versuchsanordnungen sind mit ihrer Hilfe Kontroll- und Testgruppen auszuwählen. Schließlich ist die Rolle bzw. die Bedeutung von Stichprobenverfahren im Rahmen sekundärstatistischer Untersuchungen auch so wichtig. So Großunternehmen führen statistische Analysen auf Basis der internen Kundendateien aus Kostengründen meistens nur für kleine Teilmengen der Datenbestände durch.

Die folgende Abbildung (Abb.2) zeigt den Ablauf der Stichprobengewinnung im Marktforschungsprozess.[18]

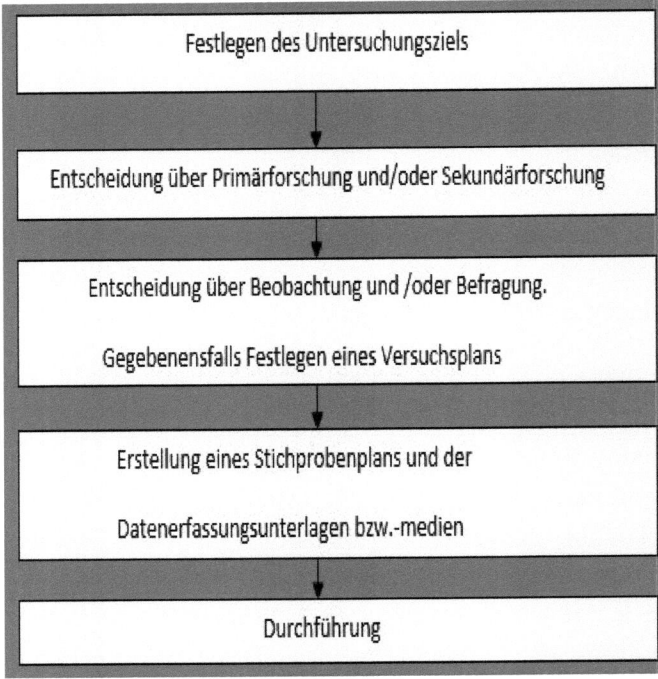

[18] Bausch Thomas, Stichprobenverfahren in der Marktforschung, Verl. Vahlen, München,1 Auflage, 1990, S.17-18

# H. Der Marktforschungsprozess

Man kann jede empirische Untersuchung als Prozess darstellen bzw. beschreiben, der von der Feststellung eines Problems über die Untersuchung bis die einzelnen Formen bzw. Bestandteilen der Ergebnisse von dieser Untersuchung reicht. Ein solcher Prozess lässt sich gedanklich als eine Folge von Phasen darstellen, die bestimmte Arbeitsvorgänge beinhalten. Eine Durchführung von Marktforschungsprozess in Phasen umfasst meist fünf bis zehn Phasen, je nachdem welches Ziel verfolgt wird.

Am Beginn des Marktforschungsprozesses steht die genaue Problemformulierung, welche durch die Untersuchung gelöst werden soll. Dabei ist es wichtig, gleich am Anfang zu entscheiden, wie vorgegangen werden soll, d.h. auf welche Art und Weise wird das Informationsproblem gelöst.

Die nächste Entscheidung ist, wer das Marktforschungsprojekt durchführt, das Unternehmen selbst oder ein Fremdmarktforschungsinstitut.

In der folgenden Phase wird festgelegt, welche Methoden zur Lösung eingesetzt werden sollen z.B. qualitative Methoden, Experimente, quantitative Methoden etc. Im Rahmen der Auswahlmethode wird entschieden, wer in welcher Hinsicht für was benötigt wird sowohl Subjekte als auch Objekte.

Wenn die Erhebungsobjekte festgelegt sind, wird entschieden, mit welchen Methoden die Informationen erhoben werden z.B. Telefoninterview, Persönliche- und/oder schriftliche Befragung usw. und welche Fragen in welcher Form (offene oder geschlossene Fragen) gestellt werden sollen.

In der Phase der Datenerhebung wird festgelegt, zu welchem Zeitpunkt, mit welchem Vorgehen und welcher bzw. welchen Methoden wer die Daten erhebt. Die gewonnenen Daten sind für weitere Auswertung vorzubereiten, d.h. eventuelle Fehler zu beseitigen, zu codieren (Antworten in Zahlen umwandeln) und auf Datenträger übertragen.

In der Phase der Datenauswertung werden die Daten mit den entsprechenden zur Verfügung stehenden Standardprogrammen wie SPSS, SAA oder BMDP oder bei Bedarf mit speziell für die Aufgaben   erstellten Programmen analysiert und ausgewertet. Die mit den verschiedenen statistischen Verfahren gefundenen Ergebnisse sind dann im Kontext entsprechend zu interpretieren.

In der letzten Phase sind die Ergebnisse in einem Ergebnisbericht für den Auftraggeber entsprechend aufzubereiten und darzustellen. Dann ist das Ergebnis der Untersuchungen in einer Präsentation mündlich darzustellen.

Die folgende Abbildung (Abb.3) stellt die verschiedenen Phasen von Marktforschungsprozess dar.[19]

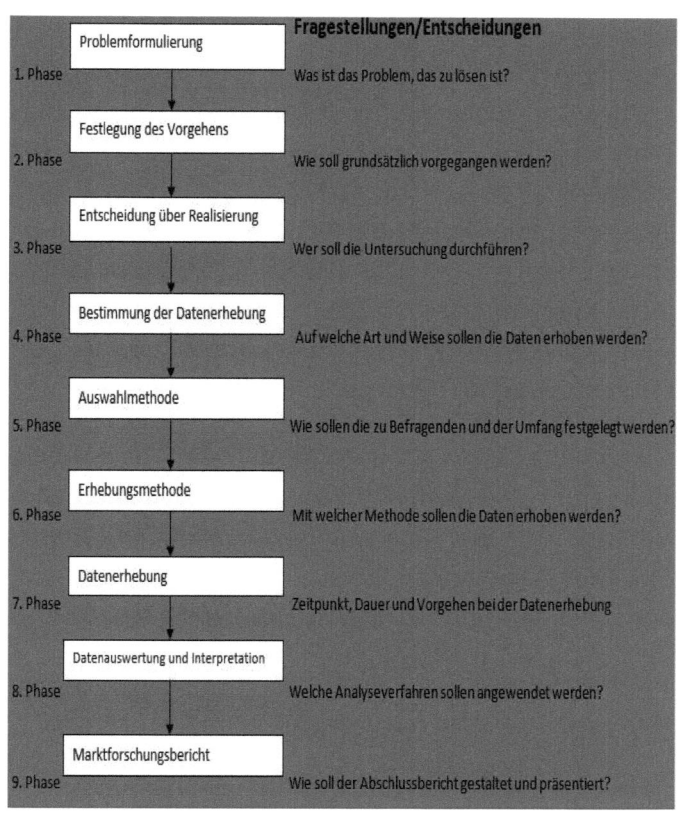

---

[19] Weis/Steinmetz, Marktforschung, Verl. Kiehl,6 Auflage,2005, S.28-30

# I. Internationale Marktforschung

## 1. Die Rolle der Institute

Der zunehmende Wettbewerb in der Wirtschaft führt weltweit zu einer stärkeren Professionalisierung des Marketings und damit auch zu einem vermehrten Bedarf an Marktinformationen. Entsprechend nehmen auch Zahl und Umfang auch die Marktforschungsinstitute in vielen Ländern zu. Parallel zu dieser Entwicklung wächst die internationale Verflechtung durch Export, Auslandsniederlassungen und somit auch der Informationsbedarf über ausländische Märkte.

Die großen nationalen Institute drängten ins Ausland. Das verursachte vielfach Anlauf-Schwierigkeiten und – Verluste, weil die Gegebenheiten in fremden Ländern bzw. Märkten eben oft viel anders waren, als man sich das in den heimatlichen Zentralen vorgestellt hatte.

Die Internationalisierung der Marktforschungsinstitute erfolgt meistens auf folgende Weise:

- Gründung eigener Tochter-Institute im Ausland.

- Aufkauf ausländischer Institute.

- Joint Ventures mit ausländischen Instituten.

Auch eine stärkere Spezialisierung auf internationaler Ebene ist im Gang. Es wird seit einer ganzen Reihe von Jahren auch die internationale Vermarktung von speziellen Marktforschungsmethoden, Verarbeitung-Programmen aber auch technischen Geräten betrieben. Wer als Entwickler oder Erfinder diese nicht selbst im Ausland einsetzen will bzw. kann, verwertet sie durch Lizenzvergabe an interessierte Institute im Ausland. Die internationale Angebotsstruktur der Institute wurde vorab skizziert, die Auftraggeber müssen also entscheiden, wen sie für welche Aufgaben auswählen. Folgende Vorgehensweisen bieten sich speziell für Unternehmen mit Zweigniederlassungen bzw.-Werken im Ausland an:

- Eine völlig zentrale Regelung belässt den Töchtern keinerlei Spielraum, alles, also auch die Wahl der Institute, wird von der Unternehmensspitze bestimmt.

- Die Unternehmenszentrale bestimmt in Abstimmung mit ihren Töchtern den jeweiligen Untersuchungsbedarf und die Art des Vorgehens in den einzelnen Märkten. Vor Ort wird über die Wahl des geeignetsten Marktforschungsinstituts in Kenntnis der Landesverhältnisse entschieden, ggf. unter Berücksichtigung von Empfehlungen der Zentrale.

- Die Auslands-Töchter haben freie Hand hinsichtlich der Bestimmung ihres Marktforschungsbedarfs und der Wahl des Instituts im jeweiligen Land.

Der Vorteil einer derartigen dezentralen Regelung besteht im speziellen Zuschnitt der Marktforschung auf die besonderen Verhältnisse des betreffenden Gastlandes.

## 2. Besonderheiten und Probleme

Sowie für die nationale Marktforschung gilt analog die Wichtigkeit der Sekundärforschung für den internationalen Bereich, nur dass hier die Probleme hinsichtlich Beschaffung, Sprachverständnis, Qualitäts-Beurteilung und Vergleichbarkeit normalerweise größer sind. Im Vergleich mit den Problemen, denen man etwa 20 Jahren bei der Datenbeschaffung gegenüberstand, hat sich die Lage zum Besseren gewandelt. Die Quellen fließen inzwischen reichlich, denn staatliche und halbstaatliche Institutionen, Supranational Behörden und Marktforschungsinstitute sind um Informations-gewinnung, aber auch um Qualitäts-Standards bemüht. Was nun die Marktforschung i. e. S. Primärforschung angeht, so liegen die Besonderheiten einer länderübergreifenden Marktforschung nicht im Grundsätzlichen und Methodischen i.w.S. sondern in der praktischen Durchführung und den damit verbundenen Schwierigkeiten. Es gibt eine Unkenntnis über den fremden Markt und viele Schwierigkeiten, an die notwendigen umfänglicheren Informationen zu gelangen und diese richtig zu analysieren und interpretieren. Gleiche Bezeichnungen bedeuten eben noch längst nicht auch die Inhalte wie im Inland.

Als eine spezifische internationale Frage- bzw. Aufgabenstellung lässt sich ersten noch die sogenannte Länderauswahl bezeichnen, weil diese sich eben nur hier stellt. Wer ausländische Märkte bearbeiten will, wird unter den theoretisch infrage kommenden diejenigen wählen, die nicht nur Chancen anbieten, sondern wo auch die Risiken politischer, wirtschaftlicher und Währungsmäßiger Art überschaubar sind. Solche volkswirtschaftlichen Rahmendaten muss sich der Marktforscher nicht mehr selbst zusammensuchen, vielmehr werden inzwischen Länderberichte und Vergleiche im Hinblick auf Bonität, Risiken, Wachstumschancen von Banken, internationalen Einrichtungen und Spezialinstituten angeboten.

Für international orientierte Unternehmen ist es nahliegend, bevorzugt solche Auslandsmärkte zu wählen, die dem Heimatmarkt ähnlich sind. Dann nämlich können Synergie-Effekte genutzt werden, indem die gleichen Produkte und die gleichen Marketing-Konzepte zum Einsatz gebracht werden.

Ein solches sog. standardisierte Vorgehen würde natürlich auch die Marktforschung erleichtern. Im Idealfall lassen sich dann nämlich in jedem Land die gleichen Aufgabenstellungen mit den gleichen Untersuchungsdesigns, Erhebungs- und Auswertungsmethoden bewältigen. Weil das in der Praxis jedoch nur selten der Fall ist, erfordert auch die Marktforschung ein differenziertes Vorgehen. Wo dabei die Schwerpunkte liegen, zeigen die folgenden Ausführungen:

- Der kleinste, aber eben noch gemeinsame Nenner dürfte zweifellos im Bereich der Datenverarbeitung i.w.S. liegen, dann die Verfahren haben Allgemeingültigkeit.

- Schwieriger wird es dagegen bei der Stichprobenbildung. Erforderlich sind aufwendige Voruntersuchungen in eigener Regie.

- Die Probleme setzen sich fort bei den Erhebungsverfahren. Hier ist ein einheitliches Vorgehen oft nicht gegeben. Im Bereich Einzelhandel steht man u. U. vor einer Riesenzahl von Klein- und Kleinstbetrieben mit mangelnder Auskunftsfähigkeit und -willigkeit. Analoges gilt für Verbraucher-Befragungen, also etwa hinsichtlich schriftlicher Befragungen (Lesen und Schreiben), Telefonbefragungen (Telefondichte), allgemeiner Auskunftsbereitschaft usw.

- Die Erhebungs- bzw. Befragungsinhalte können sich von Land zu Land beträchtlich unterscheiden z.b. eine identische Aufgabenstellung erfordert im Ausland unterschiedliche Fragebögen.

- Abgesehen von diesen inhaltlichen Problemen gibt es noch die Verständlich-Machung und der Beantwortungsmotivation.

- In diesem Zusammenhang stellt sich das Sprachproblem. Wörtliche Übersetzungen von Fragebögen führen leicht zu Missverständnissen bzw. Fehlinterpretationen bei Ausländern. Dadurch wird dann eben nicht mehr gemessen, was man messen will.

- Um sinngemäßen Übersetzungen zu erreichen, wird bei Mehr-Länder-Befragungen vom Auftraggeber bzw. vom Institut z.b. eine Master- Version des Fragebogens erarbeitet und diese (meist englische) Fassung von den kooperierenden Instituten im Ausland übersetzt.

- Das Ziel aller Bemühungen ist bei länderübergreifenden Studien die Vergleichbarkeit der Ergebnisse. Da selten eine vollständige Vergleichbarkeit erzielt werden kann, muss man dies bei der Ergebnisinterpretation berücksichtigen, damit daraus keine unternehmerischen Fehlentscheidungen erwachsen.[20]

---

[20] Berekoven, Marktforschung, Methodische Grundlagen und praktische Anwendung, Verl. Gabler, Wiesbaden, 9 Auflage,2001, S.320-324

## J. Organisatorische Einordnung von Marktforschung

Marktforschung wird zu einem großen Teil von Instituten durchgeführt. Unabhängig davon ist jedoch markforscherische Kompetenz unabdingbare Voraussetzung für die Nutzung von Informationen. Welche Informationen sind beschaffbar, was sagen sie aus, und welche Marketing-Konsequenzen lassen sich damit begründen? Die Beantwortung dieser Fragen setzt in hohem Maße methodisches Verständnis voraus.

Das Marketing der Zukunft wird vor der Frage stehen, eine nie da gewesene Fülle von Informationen bewältigen zu müssen. Schon derzeit übernimmt die Abteilung Marktforschung in den meisten Unternehmungen auch die Organisation und Aufbereitung des eingehenden Datenflusses. Marktforschung wird damit zur Schaltstelle zwischen Marktinformationen und internem Management. Schließlich werden sehr viele Projekte im Rahmen der Marktforschung auch unter der Regie der eigenen Marketing-Abteilung durchgeführt. Die Gefahr methodischer Fehler ist groß. Mangelndes Wissen über die Marktforschung würde dazu führen, dass man von einer Gewissheit ausgeht, die Marktforschung gar nicht liefern kann, und methodisch nicht einwandfrei durchgeführte Untersuchungen fehlerhafte Informationen liefern, deren sich das Management nicht bewusst wäre.

Die Konsequenz aus diesen Ausführungen ist, dass die Etablierung einer Abteilung Marktforschung als Schaltstelle zwischen Instituten und Geschäftsführung auf einer Seite und als selbständige Informations-beschaffungs-Instanz auf der anderen Seite in modernen Unternehmungen der Konsum- und Investitionsgüterindustrie nicht mehr in Frage gestellt wird. Zu entscheiden ist lediglich die Frage der organisatorischen Einordnung.

Theoretisch könnte man an eine Einordnung in den Vertrieb oder die Marketing-Abteilung denken. Für beide Bereiche liefert schon die Marktforschung Informationen. In einer modernen Unternehmung würde Eingliederung in das Vertriebsmanagement nicht in Frage kommen, weil der Vertrieb selbst ein Instrument von Marketing ist. Da die Marktforschung als Informationsgrundlage jeglichen marktorientierten Handels aufgefasst wird, scheidet diese Möglichkeit aus. Es bleibt zunächst die Eingliederung in die Marketing-Abteilung. Dazu ist zu bemerken, dass Marketing als Konzeption marktorientierter Unternehmensführung durch die Marketing-Direktion in der Geschäftsführung bzw. Unternehmensleitung vertreten sein muss.

Es ergibt sich folgende Organisationsstruktur von einfacher Marketing-Organisation (Abb.4):

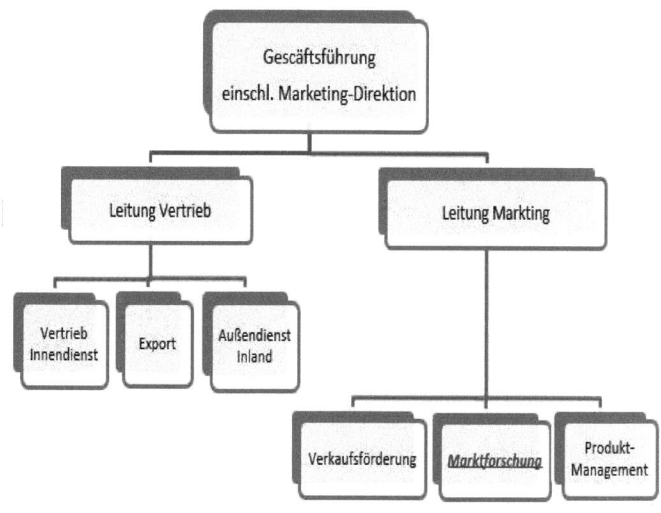

Bei der sich hieraus ergebenden, sicherlich durchaus üblichen Einordnung der Marktforschung in das Marketing ergibt sich jedoch ein Problem und zwar Marktforschung ist nicht nur Entscheidungsgrundlage, sondern auch ein wichtiges Kontrollinstrument. Daraus leitet sich eine weiterführende Überlegung ab, nämlich die Marktforschung zumindest weisungsbezogen direkt der Geschäftsführung zu unterstellen.[21]

---

[21] Fritz Unger, Marktforschung, Grundlagen Methoden und praktische Anwendungen, Verl. Sauer, Heidelberg, 1 Auflage,1989, S.261- 264

## K. Marktforschungsinstitute und Unternehmen

Es gibt in Deutschland und weltweit zahlreiche von Marktforschungsinstituten, die die verschiedenen Untersuchungen bzw. Forschungen für unterschiedliche Branchen, Bereichen, Auftragsgeber usw. durchführen. Aus den wichtigsten Marktforschungsinstituten sind:

1. Die Gesellschaft für Konsumforschung (GfK)
1.1 Unternehmen

Die GfK ist eines der größten Marktforschungsunternehmen der Welt und beschäftigt über 9.000 Mitarbeiterinnen und Mitarbeiter. Aus über 100 Ländern liefern unsere 150 operativen Unternehmen das Wissen zu Märkten und Branchen, das unsere Kunden für ihre Entscheidungen brauchen. Der Hauptsitz der GfK Gruppe ist Nürnberg.
Die GfK ist ein Full-Service-Institut, das sich als Lieferant von Wissen versteht. GfK ist ein Unternehmen mit Tradition, das langfristige Kundenbindungen und beständige Leistung auf höchstem Niveau hält. Auch aus diesem Grund pflegt die GfK ihre Wurzeln, die in der akademischen Forschung liegen.

Der Fokus auf Innovation und Fortschritt ist ein zentraler Bestandteil ihrer Unternehmenskultur. Damit sichert sie nachhaltig die Qualität der von ihr eingesetzten Methoden und Instrumente. Die GfK bietet Services für alle wichtigen Konsumgüter-, Pharma-, Medien- und Dienstleistung- Märkte.
Ihr Angebot ist dabei in drei Sektoren aufgeteilt: Custom Research, Retail and Technology und Media.

Entsprechend den drei Quellen, aus denen sie die Informationen für ihre Kunden beziehen.[22]

## 1.2 Geschichte

Seit ihren ersten Anfängen sind für die Arbeit in der GfK drei Einstellungen von großer Bedeutung: Verantwortung, Initiative und Innovationsfreude. Dies gilt vor allem für den Gründer der GfK, Professor Wilhelm Vershofen, mit dem alles begann. 1934 formulierte er die Geschäftsidee der GfK, die den ideellen Kern des Erfolgs der GfK ausmacht: "die Stimme des Verbrauchers zum Klingen bringen".

### 1.2.1 Die Anfänge:

Die Abhandlung Vershofens vom 8. August 1934 "Konsumentenbefragung auf breiter Basis" gilt als Geburtsurkunde der GfK, die 1935 als Verein mit Sitz in Berlin registriert wurde. Nach dem ersten Jahr seines Bestehens zählte der Verein 17 Mitglieder, Firmen wie Einzelpersonen, die bis 1944 auf 150 anwachsen sollten. Bis zum Kriegsende lieferte die GfK 71 Studien zu den verschiedensten Themen wie Damenstrümpfe, Arzneimittel, Motorenöle oder zusätzliche Vitamin-Nahrung im Urteil von Schwerarbeitern. Nach der Währungsreform ging es allerdings mit der GfK-Arbeit wieder spürbar bergauf: Von 1949 bis 1955 stieg die Zahl der Untersuchungen und damit auch die Anzahl der Beschäftigten: Waren es 1949 noch 15, zählte man 1959 bereits 82 Mitarbeiter.

---

[22] http://www.gfk.com/group/company/index.de.html

## 1.2.2 Internationalisierung:

Mit der Eröffnung ihrer ersten Tochterfirma außerhalb Deutschlands 1968 begann die Internationalisierung der GfK. Bis zu ihrem 50. Geburtstag 1984 war die GfK gewaltig gewachsen: Arbeiteten 1954 noch 29 Mitarbeiter für die GfK, waren es nun stolze 625 Kollegen im inländischen Innen- und Außendienst, die einen Umsatz von insgesamt 107 Millionen DM erwirtschafteten, der 30 Jahre vorher noch bei 0,4 Millionen DM gelegen hatte.

1986 besaß die GfK sechs eigene Tochterinstitute in Europa (Belgien, Frankreich, Großbritannien, Niederlande, Österreich, Schweden) sowie acht Beteiligungen, drei davon bereits in New York und Tokio.

1990 wurde die GfK Polonia als erstes westliches Institut in Polen gegründet. Es folgten 1991 die GfK-ČSFR, die seit 1993 als GfK Praha beziehungsweise GfK Slovakia umbenannt wurde, und eine Firmenvertretung in Moskau hat.

## 1.2.3 Börsengang

Das schnelle Wachstum der GfK machte organisatorische Änderungen erforderlich. Die bereits damals angestrebte Rechtsform der AG wurde allerdings noch nicht verwirklicht, da GmbHs kurzfristiger zu realisieren waren. Mit dem 23. Januar 1990 wurde die GfK dann zur GfK Aktiengesellschaft. Ihr erster Vorstandsvorsitzender war Klaus Hehl. Begründet wurde der Schritt mit höherer Flexibilität und vereinfachter Kapitalbeschaffung für weiterhin anspruchsvolle Wachstumsziele. Ein Börsengang war zu diesem Zeitpunkt jedoch noch nicht geplant. Dieser Schritt wurde dann im Jahr 1995 unter dem Vorsitz von Peter Zühlsdorff vom Aufsichtsrat beschlossen. Klaus Hehl und der Vorstand wurden beauftragt, die notwendigen Vorbereitungen einzuleiten. Nachdem Professor Klaus L. Wübbenhorst im Jahr 1998 den Vorstandsvorsitz übernahm, ging es in die Endphase der Vorbereitung des Börsengangs. Am 23. September 1999, wurde die GfK-Aktie erstmals an der Frankfurter Börse zu einem Kurs von 20.00 Euro notiert, 1.50 Euro über dem Zeichnungskurs.

## 1.2.4 Übernahme von NOP World:

Mit Wirksamkeit zum 1. Juni 2005 erwarb die GfK mit einer Beteiligungsquote von 100 Prozent die weltweite Nummer 9 der Marktforschungsunternehmen: NOP World. Die NOP-World-Gruppe umfasste 47 Gesellschaften mit über 1.500 Mitarbeitern im Wesentlichen mit Sitz in Großbritannien, den USA und Italien. Dies hat die seit dem Börsengang im Jahr 1999 bedeutendste Entscheidung der GfK besiegelt. Dank des erfolgreichen Zusammenwachsens mit der NOP World hat sich die GfK Gruppe mittlerweile in der Rangliste der weltweit größten Marktforschungsunternehmen auf Platz 4 positioniert.

Sie bietet inzwischen Marktforschungsservices in über 100 Ländern an. Von den gut 10.000 Beschäftigten arbeiten 80 Prozent außerhalb Deutschlands.[23]

---

[23] http://www.gfk.com/group/company/history/index.de.html

## 1.3 Serviceangebot bzw. Arbeitsbereiche

Als eines der wenigen weltweit tätigen Full-Service-Unternehmen bietet die GfK Gruppen ihren Kunden das gesamte Spektrum an die Marktforschung-Dienstleistungen:

Von Datenerhebungen und Analysen bis hin zu Beratungsleistungen für strategische Unternehmen-Entscheidungen des Top-Managements internationaler Konzerne.

Märkte und Branchen: Die GfK Gruppe liefert Informationen zu nahezu allen Märkten der schnell- und langlebigen Konsumgüter.

Marketingfelder: Die GfK bietet für jede Station im Marketingkreislauf sowohl individuell zugeschnittene als auch Komplettlösungen an. Alle Fragen des Marketings werden mit Hilfe innovativer und hochwertiger Marktforschungsinstrumente zielgenau beantwortet.[24]

## 2. TNS Infratest (Taylor Nelson Sofres Infratest)

Ein weiteres Marktforschungsunternehmen, das sowohl in Deutschland als auch international tätig. Folgende Informationen werden dargestellt:

## 2.1 Unternehmen

Mit dem Zusammenschluss der beiden Marktforschungs- und Beratungsunternehmen TNS Infratest und Research International entstand das führende Institut für kundenindividuelle Marktforschung und Marketingberatung in Deutschland. Mit einer konkurrenzlosen Leistung-Palette und einem einzigartigen Branchen-Knowhow. TNS Infratest verfolget ihren Premium-Anspruch in der Markt-, Fach- und Methodenkompetenz. TNS Infratest ist nach Branchen und Märkten, Marketing Tools und Marketingstrategien organisiert. TNS Infratest gilt als der Schrittmacher in der Marktforschung und Meinungsforschung. Deshalb investiert TNS Infratest kontinuierlich in innovative Problemlösungen, fortschrittlichste Technologien und in die Weiterentwicklung bewährter Forschungs-instrumente.[25]

---

[25] http://www.tns-infratest.com/das_unternehmen/

## 2.2 Geschichte

1947 ist das an der Universität München gegründet worden. Bereits 1948 begann die kontinuierliche Rundfunk Hörerforschung, die heute im Rahmen der Funkanalyse Bayern weitergeführt wird.

1975 wurden selbstständige Marktgesellschaften als GmbHs eingetragen.

1980 wurden die europäischen Gesellschaften des US-Marktforschungsinstituts Burke erworben. Mit der Gründung von IBB Infratest Burke Berlin (1990) ist Infratest Burke die erste westdeutsche Marktforschungsgesellschaft mit einem eigenen Institut in den neuen Bundesländern.

1996 wird Infratest dimap (Berlin) mit der Wahlberichterstattung für die ARD beauftragt.

1998 erwirbt NFO Worldwide Infratest Burke. Die Umfirmierung zu „NFO Infratest" erfolgt 2001.

Im Jahr 2003 kauft Taylor Nelson Sofres NFO und 2004 wird aus "NFO Infratest" nun "TNS Infratest".

2005 Infratest und Emnid sind vereint, beide tragen den Namen TNS Infratest. Von der Umbenennung ausgenommen sind die Medienforschung, Politikforschung und Sozialforschung, die weiterhin getrennt unter den bisherigen Namen TNS Infratest und TNS Emnid operieren.

Die Muttergesellschaft von TNS Infratest Deutschland, mit Sitz in London ist 2008 von der WPP/Kantar Gruppe gekauft worden. In diesem Zusammenhang wurde 2009 TNS Infratest mit dem zur WPP Group gehörenden Marktforschungsinstitut Research International verschmolzen.[26]

## 2.3 Branchen und Märkte

Durch ihre vielen Jahrzehnte lange Praxis hat TNS Infratest in vielen Branchen ein hohes Maß an Marktvertrautheit und Beratungskompetenz erreicht.

TNS Infratest liefert ihren privaten und öffentlichen Auftraggebern aus nahezu allen Bereichen von Wirtschaft und Gesellschaft die Grundlagen für Wissensvorsprung und Entscheidungssicherheit.[27]

## 2.4 Fakten und Zahlen

- TNS ist der weltweit führende Anbieter für kundenindividuelle Markt- und Sozialforschung sowie der damit zusammenhängenden Beratung.

- TNS gehört zur Kantar Group, in welcher WPP (London) seine Marktforschungs-Aktivitäten gebündelt hat. WPP ist eines der weltgrößten Unternehmen für Medien- und Kommunikationsdienstleistungen mit c.a. 135.000 Mitarbeitern in 107 Ländern.

---

[26] http://de.wikipedia.org/wiki/TNS_Infratest

[27] http://www.tns-infratest.com/branchen_und_maerkte

- TNS Infratest ist das deutsche Mitglied von TNS, und damit Teil einer der größten Marktforschungs-Organisationen der Welt.

- An der Spitze der Internet Forschung und Online-Forschung.

- Professionelle Datenerhebung:

  Mit 4.000 Interviewern Deutschlands größter Stab bzw. Belegschaft.

  1.100 CATI-Stationen   (Computer Assisted Telephone Interviewing).

  8 Telefon-Studios.

  1.500   CAPI-Stationen   (Computer Assisted Personal Interviewing).[28]

  Weitere Marktforschungsunternehmen: IMS Health, Ipsos Group, Information Ressources, Psyma Group, Westat Inc., Research International etc.

# L. Zusammenfassung und Ausblick

Lässt man den Inhalt der vorausgegangenen Ausführungen Revue passieren, so kann die zukünftige Entwicklung von Marktforschung möglichst geschätzt werden. Also in welcher Richtung die zukünftige Entwicklung geht.

Die Dynamik der Märkte wird weiter steigen, der Wettbewerb zunehmen, nicht nur infolge der stärkeren Internationalisierung. Bereits in der Vergangenheit wuchsen die Marktbearbeitung-Kosten schneller als der private Verbrauch. Aufgrund dieser Entwicklung nimmt auch der Informationsbedarf in- und ausländischer Anbieter weiter zu. Je höher dabei das Informationsniveau und damit die Markttransparenz durch die Marktforschung angehoben wird, desto mehr wird wiederum nach zusätzlichen Informationen verlangt, die wenn auch nur vorübergehend, dem einzelnen einen Wettbewerbsvorsprung ermöglichen. Wie in manchen anderen Bereichen auch, schrauben sich die Anforderungen immer höher, sie entwickeln so eine Art Eigendynamik.

Wegen der fortschreitenden Konzentration im Einzelhandel stehen der Industrie, aber auch den Instituten nachfragemächtige Handelsunternehmen gegenüber, die auch selbst Marktforschung treiben. Der Handel ist sich inzwischen auch längst des Wertes seiner Daten, die die Institute für die Industrie erheben, bewusst und verlangt dafür Gegenleistungen in Form von Geld und/oder Marktinformationen.

Aufgrund der zunehmenden Gleichgewichtigkeit von Marktpartner kommt es letztendlich zu einer zunehmenden Entkrampfung zwischen Industrie und Handel im Umgang mit Marktinformationen.

Die Verarbeitung vom stetig wachsenden Datenfall wurde nur durch den Computer-Einsatz möglich. Diese rasante Entwicklung ist noch in vollem Gange und zeigt Perspektiven auf, was die Verarbeitung und die Auswertungsmöglichkeiten riesiger Daten-Mengen angeht. Davon profitiert auch die in starker Expansion internationaler Markforschung. Persönliche Interviews oder die manuelle Inventur bei Handelspanels gab es vor Jahren und wird es auch weiterhin geben. Die elektronische Erhebungs- und Übertragungstechniken wie Scanner-Kassen, CATI, CAPI usw. sind auf stürmischem Vormarsch. Technisch machbar ist längst weit mehr als das, was den Befragten bisher zugemutet werden kann. Denn während die Datenübermittlung und Datenverarbeitung immer schneller und genauer wird, ist es mit der Auskunftsbereitschaft der Befragten eher zunehmend schlechter gestellt. Die Forderung „Beantwortung nur gegen Vergütung" könnte den Instituten zunehmend Sorge machen.

Die größere Schnelligkeit bei der Datenerhebung, -übertragung und -Verarbeitung allein setzt neue Maßstäbe. Diese Entwicklung ist bereits in vollem Gange und wird sich in Zukunft weiter fortsetzen. Weiter Trend ist erkennbar, und zwar der nach einer zunehmenden Datenvernetzung. Ein Blick auf die Anlage von Testmärkten lässt erkennen, wie das Fernziel aussieht. Man will eine Verknüpfung von privaten Einkäufe mit den Verkäufen des Handels, den Werbeaktivitäten von Industrie und Handel sowie mit der Medien-Nutzung der Verbraucher und das in Kombination mit deren sozio-demographischen und psychographischen Merkmalen.

Kaufverhalten wird nicht nur allein beobachtet, sondern auch alle beeinflussenden Marketing-Aktivitäten werden erfasst, und zwar auf alle möglichst Gesamteinkäufe und nicht nur beschränkt auf einzelne Warengruppen.

Die künftige Entwicklung wird auch geprägt sein, durch eine zunehmende Datenverdichtung, was bei den wachsenden Daten-Mengen auch nicht weiter verwundern kann. Das bedeutet im Einzelnen eine Datenverarbeitung mit speziellem Kundenzuschnitt, aber auch im Hinblick auf Prognosen und Analyse-Systeme, die Veränderungen im Markt aufspüren und anzeigen. Das erfordert einen vermehrten Rückgriff auf Datenbanken und immer mehr integrierte Forschungssysteme. Die rasante technische Entwicklung der Informationstechnik wird dabei in Zukunft vieles möglich machen, was gestern noch unmöglich erschien.[29]

---

[29] Berekoven, Marktforschung, Methodische Grundlagen und praktische Anwendung, Verl. Gabler, Wiesbaden, 9 Auflage,2001, S.325-328

Der Online-Marktforschung wird zukünftig ein herausragender Platz gesichert sein. Ihre Vorteile werden sie zu einem unverzichtbaren Bestandteil im Methodenspektrum jeder Zeitgemäßen Forschung-Institution machen. Sie wird allerdings nicht alleinstehen: Hohe Forschungsqualität setzt voraus, die jeweiligen methodenspezifischen Stärken und Schwächen in Sampling, Repräsentativität, Erhebungsprozess und Antwortverhalten zu erkennen und in kombinierten Methodenkonzepten sinnvoll zu berücksichtigen.[30]

---

[30] Theobald, Online-Marktforschung, Verl. Gabler, Wiesbaden, 1 Auflage,2001, S.24-25

# M. Literaturverzeichnis

Bausch Thomas, Stichprobenverfahren in der Marktforschung, Verl. Vahlen, München, 1.Auflage, 1990.

Berekoven, Marktforschung, Methodische Grundlagen und praktische Anwendung, Verl. Gabler, Wiesbaden, 9.Auflage,2001.

Christof/Pepels, Praktische quantitative Marktforschung, Verl. Franz Vahlen, München, 1.Auflage, 1999.

Fantapie´ Altobelli, Claudia, Marktforschung, Methoden-Anwendung-Praxisbeispiele, Verl. Lucius& Lucius, Stuttgart,1.Auflage,2007.

Fritz Unger, Marktforschung, Grundlagen Methoden und praktische Anwendungen, Verl. Sauer, Heidelberg, 1.Auflage,1989.

Heribert Meffert, Marketingforschung & Käuferverhalten, Verl. Dr. T h. Gabler, Wiesbaden,2.Auflage, 1992.

Herrmann/Homburg, Handbuch Marktforschung, Verl. Dr. Th. Gabler, Wiesbaden,3.Auflage, 2008.

Heymo Böhler, Marktforschung, Verl. W. Kohlhammer, Stuttgart,2.Auflage,1992.

Jakob, Wolf, Marktforschung ,Praktische Anwendung, Verl. Moderne Industrie, Landesberg, 1.Auflage.

Klaus S. Kastin, Marktforschung mit einfachen Mitteln, Verl. C.H. Beck, München, 3. Auflage,2008.

Kuß, Alfred, Marktforschung, Grundlagen der Datenerhebung und Datenanalyse, Verl. Dr. Th.Gabler,Wiesbaden,1.Auflage,2004.

Theobald, Online-Marktforschung, Verl. Gabler, Wiesbaden, 1.Auflage,2001.

Thomas Kiss und Helmuth Tesch, Einsatz und Instrumente der Marktforschung, Verl. Rudol Haufe, Freiburg,1.Auflage,1995.

Thomas Kiss und Helmuth Tesch, Einsatz und Instrumente der Marktforschung, Verl. Rudolf Haufe, Freiburg,1.Auflage,1995.

Unger, Marktforschung, Grundlagen Methoden und praktische Anwendungen, Verl. I. H. Sauer, Heidelberg,1988.

Weis/Steinmetz, Marktforschung, Modernes Marketing, Verl. Friedrich Kiehl, Ludwigshafen, 5.Auflage,2002 sowie 7.Auflage,2008.

Weis/Steinmetz, Marktforschung, Verl. Friedrich Kiehl, Ludwigshafen,4.Auflage,2000.

Weis/Steinmetz, Marktforschung, Verl. Kiehl,6.Auflage,2005.

Elektronische Quellen:

http://www.gfk.com/group/company/index.de.html

http://www.gfk.com/group/company/history/index.de.html

http://www.gfk.com/group/services/index.de.html

http://www.tns-infratest.com/das_unternehmen/

http://www.tnsinfratest.com/branchen_und_maerkte/

http://www.tnsinfratest.com/das_unternehmen/fakten_und_zahlen.asp